LA GRANDE IMAGERIE

LES MOTOS

POUR LES FAIRE CONNAITRE AUX ENFANTS DE 5 A 8 ANS

Conception
Émilie BEAUMONT

Texte
Agnès VANDEWIELE

Images
Kim BROE-WARD

Couverture
Sebastian QUIGLEY

FLEURUS ENFANTS

ÉDITIONS FLEURUS, 11, rue Duguay-Trouin 75006 PARIS

HISTORIQUE

Dès que sont apparus les moteurs à vapeur, puis les moteurs à essence, aussi appelés moteurs à explosion, on imagine d'en équiper une bicyclette. En 1869, le Français E. Michaux monte une machine à vapeur sur un cadre de vélo. Mais c'est avec le moteur à essence que la moto devient un véhicule pratique.
L'Allemand Daimler marque ce nouveau départ en 1885 en construisant un prototype de deux-roues à moteur. La première moto de série avec moteur à explosion est produite par Hildebrand et Wolfmüller en 1894 : elle roulait à 45 km/h.

La Daimler

Passionné de mécanique, l'ingénieur allemand Daimler met au point la première motocyclette de l'histoire. Il construit en 1885, avec son ami Maybach, un véhicule à deux roues, à cadre en bois, sur lequel il monte un moteur à explosion dont le mouvement est transmis à la roue arrière par une courroie. Le moteur est monté verticalement entre les deux roues. La selle, qui rappelle une selle de cheval, est placée si haut que le pilote ne peut pas poser les pieds à terre. Ce deux-roues simple et rustique est le véritable ancêtre de la motocyclette. Il parcoura sans problème quelques kilomètres. Puis Daimler se lancera dans la construction d'automobiles.

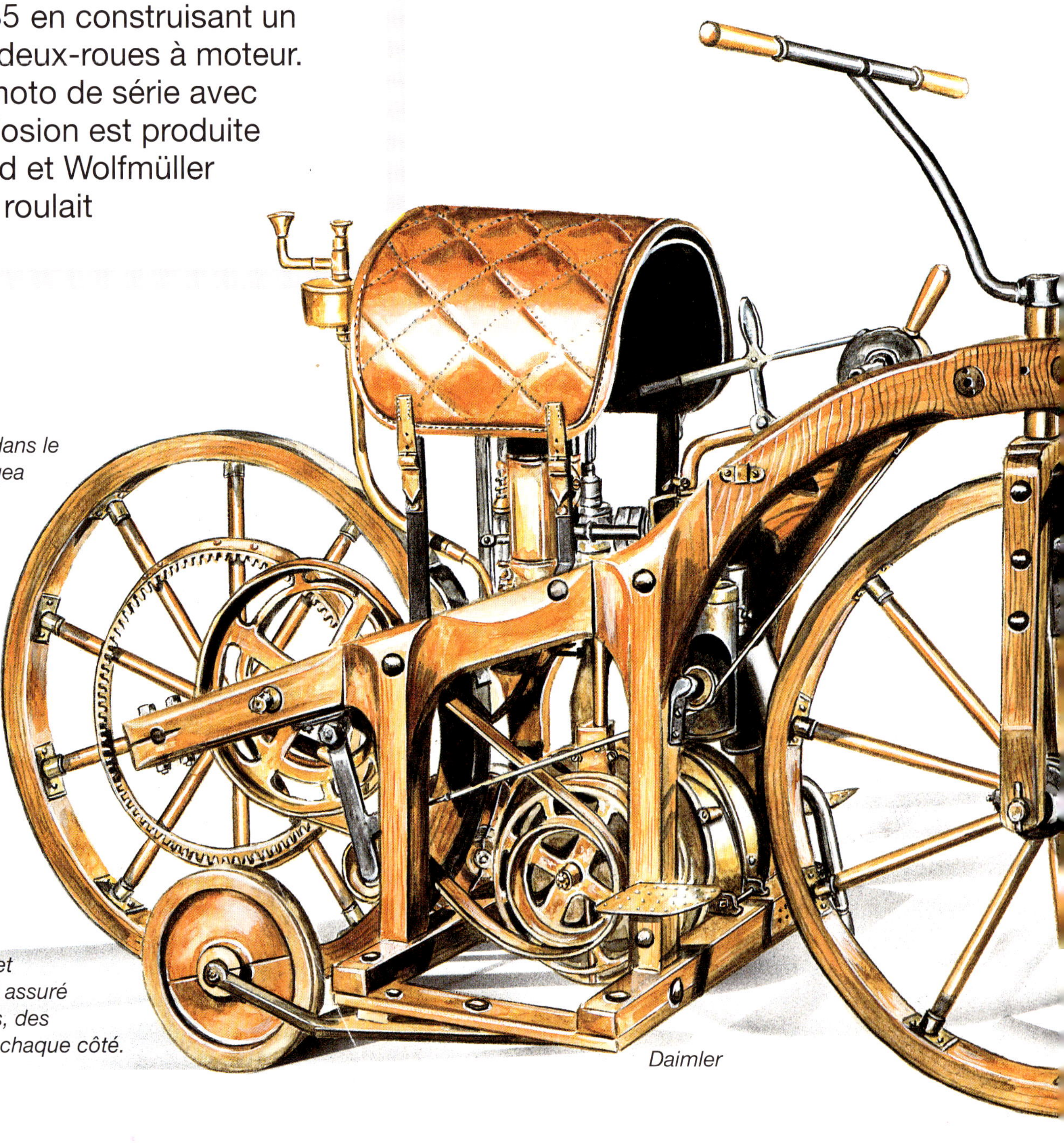

Cette moto fut détruite dans le grand incendie qui ravagea l'usine de Cannstatt en 1903. Il ne reste plus aujourd'hui que des copies du modèle d'origine, reconstituées d'après les plans de l'époque.

Les roues de la Daimler ont des rayons en bois et l'équilibre de l'engin est assuré grâce à de petites roues, des stabilisateurs, fixées de chaque côté.

Daimler

Gottlieb Daimler (1834-1900) était directeur technique dans une usine de moteurs à gaz. Il dut quitter cette entreprise à cause de ses "idées ruineuses". Trois ans après, il sortait le premier moteur à explosion alimenté à l'essence.

La Mars de 1903

Mars, fabricant allemand de cycles et de fourneaux à Nuremberg, entreprend de produire des motos. Il va équiper ses cycles du moteur suisse Zedel ou du moteur allemand Fafnir. Maybach, ancien collaborateur de Daimler, construit pour Mars un moteur Boxer de 2 cylindres. La Mars illustrée ici, construite en 1903, avait un moteur de 4 ch.
C'est à la même époque que débutent d'autres constructeurs de motos qui deviendront célèbres, comme en Angleterre Matchless (1899) et Norton (1898) et aux États-Unis Indian (1901) et Harley-Davidson (1903).

Les premières motos n'avaient pas de boîte de vitesses et pas d'embrayage (qui permet au moteur de tourner sans entraîner les roues). Aussi, pour démarrer, il fallait courir à côté de la moto, puis sauter sur la selle une fois le moteur lancé.

Il fallait être particulièrement courageux pour conduire les premières motocyclettes, qui atteignaient environ 30 km/h lorsqu'elles étaient bien lancées, car elles s'arrêtaient souvent, victimes de problèmes d'allumage.

HISTORIQUE

Au début du XXe siècle naissent aux États-Unis et en Europe de nombreux constructeurs de motos. Après la 1re Guerre, la moto connaît un grand essor. À côté des anglaises monocylindriques, vives et légères, apparaissent aux États-Unis les grosses motos puissantes, les Superbikes d'Indian et de Harley-Davidson. Entre 1920 et 1950, c'est l'âge d'or de la moto. Dès 1930, les vitesses sont commandées au pied (et non à la main) et l'accélérateur par une poignée rotative. Les vitesses peuvent atteindre 160 km/h. Après 1950, les motos japonaises, petites et très rapides, entrent sur le marché mondial.

La Wilkinson

En 1912, une firme anglaise, Wilkinson, à l'origine fabricant de lames de rasoir, sort un modèle de moto.

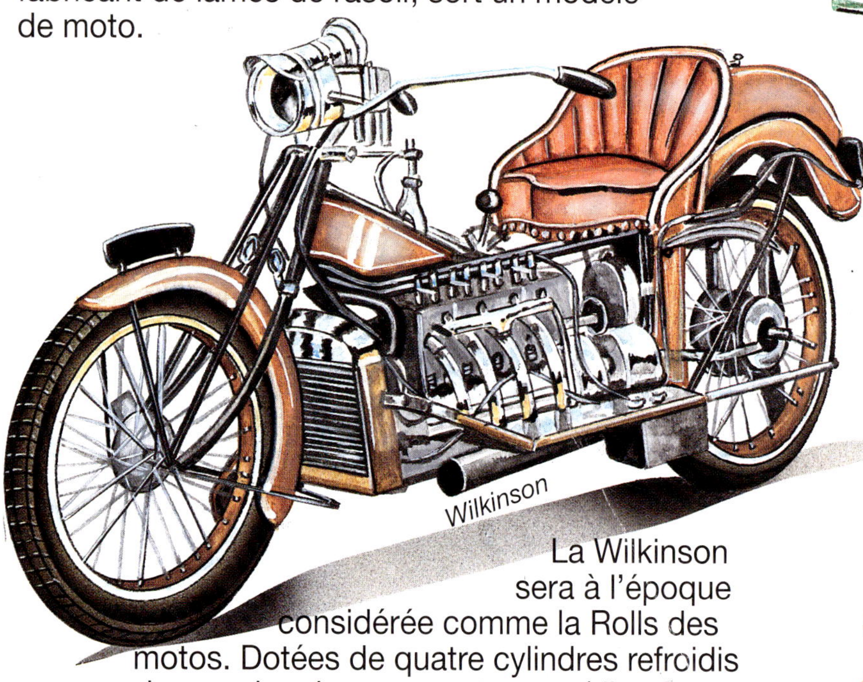

Wilkinson

La Wilkinson sera à l'époque considérée comme la Rolls des motos. Dotées de quatre cylindres refroidis par air, avec leur long empattement (distance entre les roues avant et arrière), les premières Wilkinson avaient un volant de direction, qui sera ensuite remplacé par un guidon.

La BMW R 32

Après la Première Guerre mondiale, le fabricant de moteurs d'avion BMW s'oriente vers la construction de motos. La première, la BMW R 32, est présentée au Salon de Paris de 1923.

BMW R 32

La BMW R 32 fait sensation. L'ingénieur Max Friz, qui l'a conçue, y a réuni tous les derniers perfectionnements techniques de l'époque. Avec sa fourche avant munie de ressorts à lames et son centre de gravité placé très bas, elle a une très bonne tenue de route. Elle roule à 90 km/h.

Harley-Davidson

La Harley-Davidson V-Twin de 1929

En 1929, un nouveau moteur est mis au point par Harley-Davidson. Ce modèle V-Twin de 750 cm³ connut un succès immédiat. Il pouvait atteindre une vitesse de pointe de 110 km/h.

Indian

La Dream E de Honda

Après la Seconde Guerre mondiale, le Japonais S. Honda décide de fabriquer des cyclomoteurs en montant un petit moteur à deux temps sur un cadre de vélo. Il commence par assembler cadres, roues et moteurs livrés par d'autres fabricants. Puis, en 1949, il réalise son rêve : tout construire lui-même. La moto produite à 100% par lui sera la Dream. Elle a une fourche avant télescopique, une boîte à deux vitesses, mais son petit moteur pétarade trop fort. Honda met alors au point un moteur à quatre temps. Il passe ainsi d'une bicyclette motorisée à une véritable moto.

Honda DREAM E

L'Apollo

Au début des années 60, un importateur américain demande au fabricant italien Ducati de construire pour la police américaine une moto de grande puissance, d'une cylindrée d'au moins 1 200 cm^3 : c'est le projet Apollo, qui sort en 1963. Mais cette moto lancée à 160 km/h se révèle dangereuse : des morceaux de gomme se détachent des pneus. Le projet est abandonné. Cette expérience poussera Ducati à mettre au point d'autres modèles qui feront sa gloire.

Appollo

L'Indian

C'est pendant la Seconde Guerre mondiale que le grand constructeur américain Indian présente cette luxueuse moto. Indian a sorti sa 1re moto en 1901 et, pendant un demi-siècle, il rivalisera de façon incessante avec Harley-Davidson.

LES HARLEY-DAVIDSON

C'est en 1903, à Milwaukee, aux États-Unis, que les trois frères Davidson et William Harley décident de consacrer toute leur énergie à la construction de cycles à moteur. Après les premiers modèles (1903/1904), bricolés dans une cabane, la fabrication passe dans un atelier, puis devient industrielle dans l'usine de Milwaukee.
C'est, en 1920, la plus grande usine de motos au monde, pouvant produire 35 000 engins par an.
Le style Harley-Davidson les rendra célèbres, avec chromes en abondance, superbes peintures, insignes de têtes d'aigle, médaillons décoratifs et même placages d'or.

Les connaisseurs identifient immédiatement le bruit si particulier des Harley-Davidson.

Dans cette attitude, plus confortable que sportive, le pilote peut rouler pendant des heures, à 100 km/h environ, sans dépasser la limite de vitesse imposée aux États-Unis.

La première Harley-Davidson

En 1903, les trois frères Davidson et W. Harley ne disposent ni des machines ni des pièces nécessaires. Cependant, grâce à leur ingéniosité, ils parviennent à fabriquer un premier modèle avec un moteur de 167 cm^3 monté sur un cadre de vélo.

Le Springer, un cheval mécanique

Diverses entreprises créent, à la demande des clients, des modèles uniques de Harley-Davidson. Ainsi, en 1994,

Piloter une Harley-Davidson

Le pilote est assis bien droit sur sa grosse selle rembourrée, les bras tendus, les mains posées sur un guidon haut en forme de large U.

La « moto-tigre »

Les passionnés de Harley-Davidson veulent personnaliser leur engin. Ainsi, J.P. Poland, propriétaire d'une galerie d'art, crée dans son atelier la mode des *Dream Themes*, des motos à thèmes de rêve. Chaque modèle est unique, comme, ci-contre, la « moto-tigre ».

« Moto-tigre »

Springer

un client du Texas désirait une Harley-Davidson au style rétro, évoquant bien l'esprit western. Pour lui, la firme Paragon Locomotive réalise le Springer.

LES EUROPÉENNES

Les premières motos sont nées en Allemagne et en France. Dès 1905, surtout en Angleterre, de nombreux fabricants, plus tard très connus, sont déjà en activité. En 1919 sont exposés à Londres 200 modèles, produits par plus de 100 fabricants. La Première, puis la Seconde Guerre mondiale stimulent les progrès techniques. Pendant les années 60, de nombreuses marques européennes disparaissent. Leurs modèles sont chers et pas assez puissants pour lutter contre les japonaises. Aujourd'hui, les grandes marques européennes sont BMW (Allemagne), Triumph (Angleterre) et, en Italie, Ducati, Laverda et Guzzi.

BMW

Cette firme allemande est à l'origine un fabricant de moteurs. La série de ses motos R 32 (1923), par les records de vitesse qu'elle remporte (1929 : 216 km/h et 1937 : 279 km/h), a rendu les BMW célèbres dans le monde entier. Après la Seconde Guerre mondiale, l'usine, qui fabriquait moteurs d'avion, autos et motos, est démantelée. Ce seront alors les motos qui feront revivre la firme. Mais, devant la concurrence japonaise, la production de motos stagne et BMW se consacre aux voitures. Puis, à partir de 1970, BMW produit des motos de sport. Les motos BMW ne sont pas les plus rapides, mais sont renommées pour être solides et fiables.

La BMW R 1100 RT

Cette routière, équipée d'un moteur bicylindre Boxer de 1 100 cm³, dispose d'une forte puissance et d'accélérations vives. Malgré ses dimensions très larges, elle reste très maniable. C'est une moto de grand tourisme, taillée pour les longs voyages. Sa vitesse maximale est de 206 km/h.

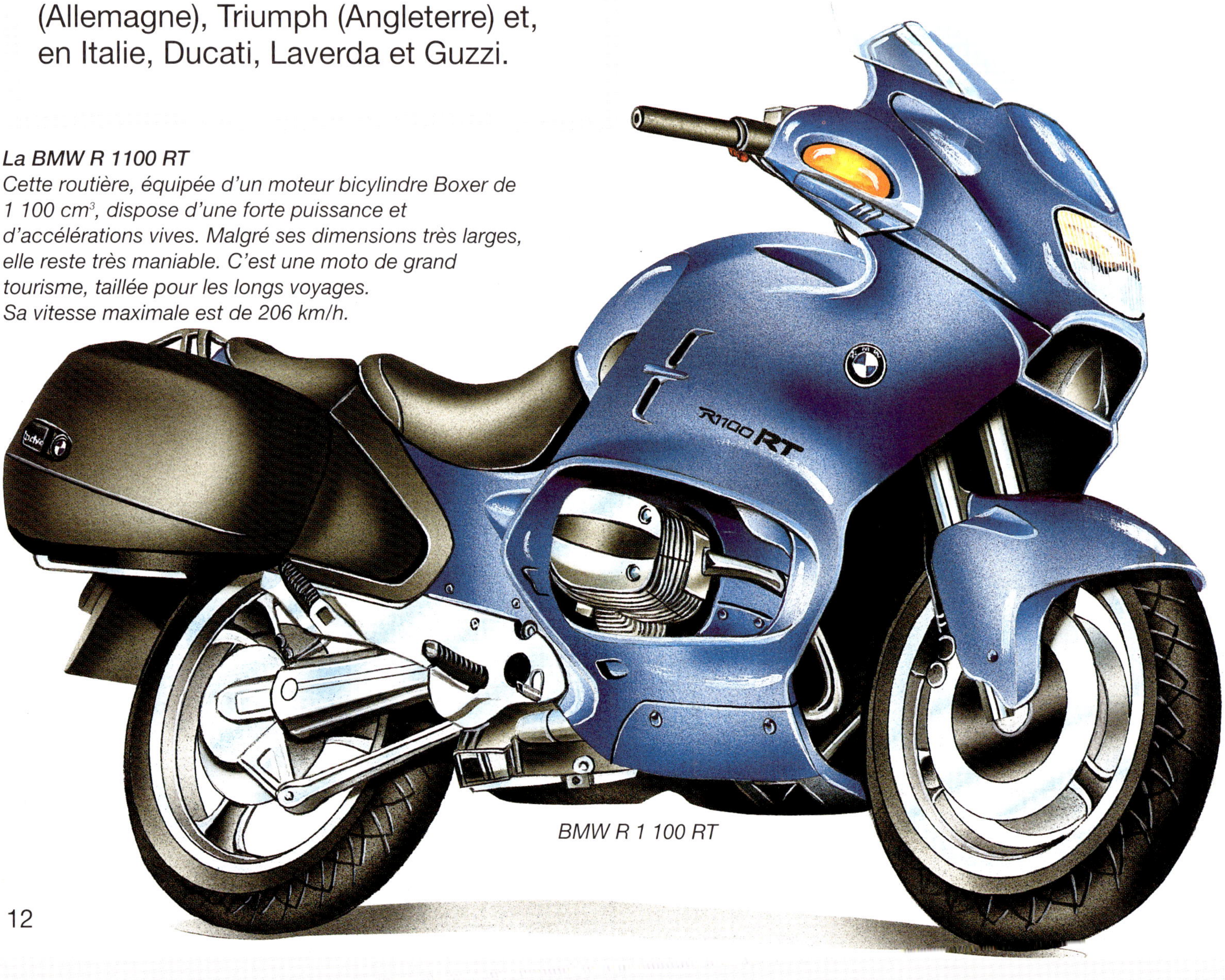

BMW R 1 100 RT

Ducati 916

Ducati

Cette firme italienne fondée en 1926 n'a pas toujours fabriqué les grosses sportives de compétition qui font sa renommée. Elle produit d'abord, à partir de 1944, des petites cylindrées. Dans les années 50, elle exporte vers les États-Unis (projet Apollo) et vers l'Angleterre. Elle perfectionne dans les années 70 ses célèbres V-Twin. Aujourd'hui, à côté de la fabuleuse 916, on trouve de grandes sportives qui enthousiasment les amateurs de motos.

La Ducati 916
Cette moto, dotée d'un moteur V-Twin de 916 cm³ qui tourne jusqu'à plus de 10 000 trs/min, est le plus gros bicylindre italien et la plus sportive des Ducati. Avec sa puissance (100 ch), ses 6 vitesses, ses énormes freins et ses larges pneus, elle est faite pour la compétition. Elle a été championne du monde dans sa catégorie en 1994 et 1995. Sa vitesse maximale est de 250 km/h.

Triumph

Ce constructeur anglais, qui a débuté en 1902, s'est fait connaître par des modèles comme la Speed Twin de 500 cm³ (1937 à 1963), qui fit sensation. Citons aussi la Thunderbird 650 (1949 à 1965) et surtout la Bonneville (1958-59), qui fera une fantastique carrière de trente ans, fait unique dans l'histoire des motos. Son moteur permit en 1956 de battre le record de vitesse sur la piste de Bonneville à 344 km/h, record non homologué, mais qui assura la renommée de Triumph.

La Triumph 1200
Ce modèle quatre cylindres en ligne, de 1180 cm³, marque le renouveau des Triumph. Avec sa vitesse maximale de 220 km/h (pour un poids de 235 kg), c'est une grande routière de style anglais, tout en rondeurs et ovales.

Triumph 1200 Trophy

LES JAPONAISES

Les motos japonaises apparaissent sur le marché mondial dans les années 50. C'est Honda qui va changer le visage de cette industrie en produisant d'abord, à partir de 1949, de petites motos peu élégantes mais puissantes. Il développera ensuite des modèles très divers, créant un véritable empire. Suzuki sort en 1951 son premier prototype, puis il produira des motos très performantes en compétition. Yamaha fabrique en 1955 ses premières motos légères, équipées de moteurs puissants tournant à très grande vitesse. Il se spécialisera dans les motos sportives. Kawasaki, lui, sera réputé pour la haute performance de ses moteurs à quatre temps.

Kawasaki a sorti en 1990 la ZZ R 1100, l'une des motos de série les plus rapides du monde, qui frôle les 300 km/h.

Ninja ZX 7 RR de Kawasaki

La Ninja, cette superbe moto sortie en 1996, est équipée d'une boîte de six vitesses plus nerveuse. Plus légère que les autres modèles, elle a une puissance accrue, des accélérations rapides, et peut atteindre 252 km/h. Pour ces vitesses, sa suspension et son freinage ont été perfectionnés.

Yamaha V Max

Cette **Yamaha**, sortie en 1984-85, est remarquable par sa puissance : 100 ch. Départ arrêté, elle couvre les 400 premiers mètres en moins de 12 secondes.

Pour le pilote, collé à l'arrière de la selle, à 6 500 trs/min, la V Max se transforme en fusée. Elle peut atteindre 200 km/h malgré son poids important (290 kg).

Suzuki s'est fait une spécialité des motos qui procurent des sensations tout en restant d'un prix accessible au grand public.

Ce modèle sportif est doté de quatre cylindres (au total, 937 cm³), de quatre carburateurs, d'une boîte à cinq vitesses et d'une suspension avant télescopique. Cette moto, sortie en 1994-95, a une vitesse de pointe de 241 km/h.

Suzuki 900 RS 2

Depuis 1964, **Suzuki** a remporté toute une série de victoires dans diverses grandes compétitions, telles que Grand Prix, Motocross, et particulièrement en endurance au Bol d'or et aux 24 Heures du Mans.

Cette «voiture sur deux roues» est la plus prestigieuse des Goldwing !

Goldwing Honda GL 1 500

C'est en 1975 que **Honda** sort les premières grandes routières, les Goldwing. Pour le 20e anniversaire des Goldwing, Honda crée la superbe GL 1 500.

La Goldwing GL 1 500 allie la souplesse, la puissance et un grand confort. Elle est maniable en marche avant et en marche arrière, à très faible comme à très grande vitesse (elle atteint les 200 km/h).

LES COMPÉTITIONS

Les compétitions permettent aux constructeurs de tester leurs machines, poussées à la limite de leurs possibilités. Les motos de course sont des modèles spéciaux devant résister à de rudes épreuves. À partir de 500 cm³, leur puissance dépasse les 100 ch autorisés pour les motos roulant sur route. Les grandes courses d'endurance sont les 24 Heures du Mans, le Bol d'or, les 24 Heures de Spa et la Suzuka (Belgique), qui comptent pour le championnat du monde d'endurance. Les courses de vitesse comprennent les championnats de France Open et les Grands Prix, qui servent au classement du championnat du monde de vitesse.

Les cylindrées

La puissance d'une moto dépend de sa cylindrée (exprimée en cm³). En compétition, les cylindrées sont de 125 cm³ (puissance 45 ch, vitesse de 190 à 220 km/h), de 250 cm³ et 500 cm³. Puis vient la catégorie supersport de 600 cm³, en quatre cylindres (puissance 110 ch, vitesse de 250 km/h). Enfin, les superbikes, de 750 à 1 000 cm³ (puissance 160 ch, vitesse de 300 km/h). Tous ces moteurs tournent à 13 000 ou même 14 000 tours/minute.

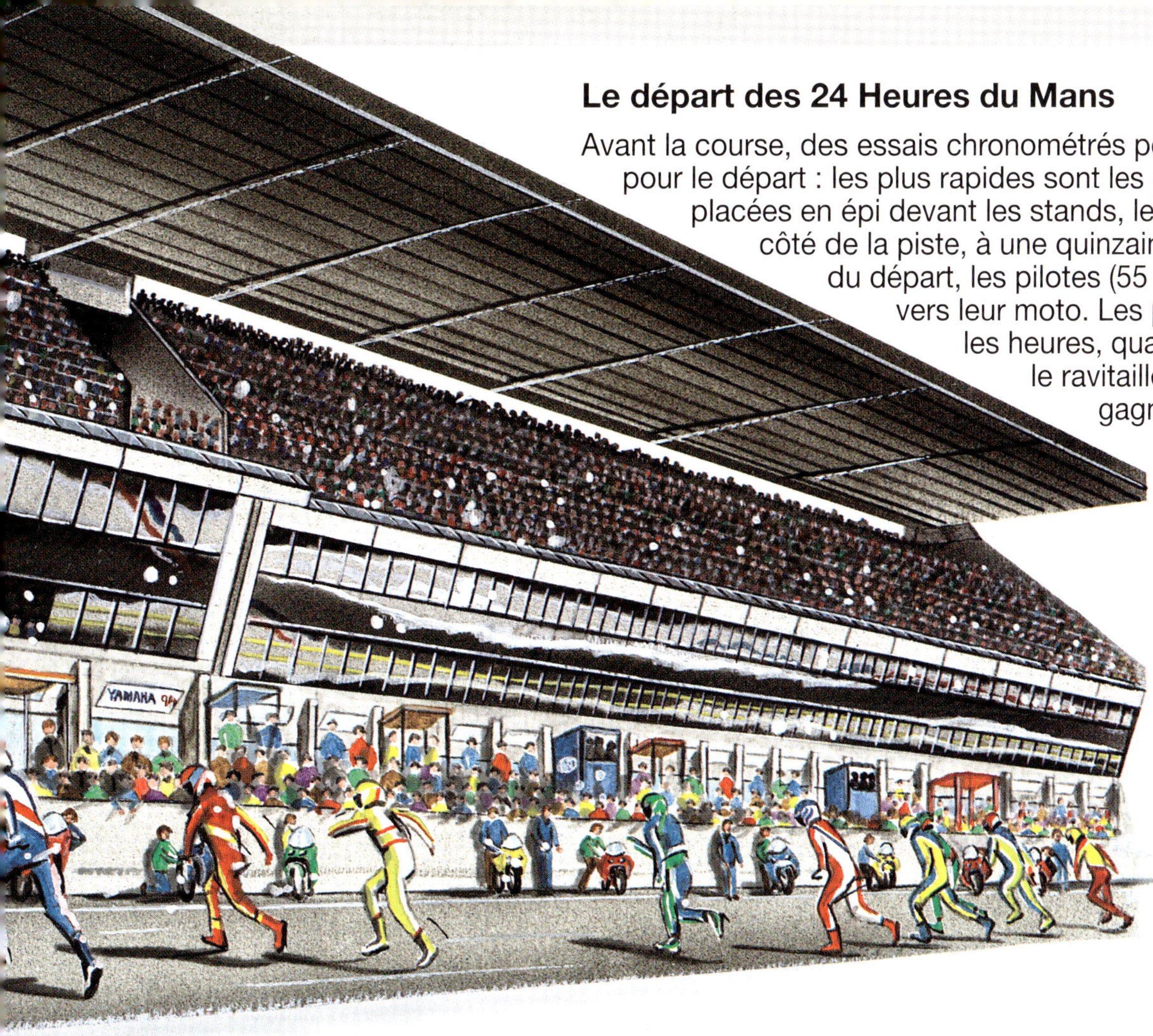

Le départ des 24 Heures du Mans

Avant la course, des essais chronométrés permettent de classer les pilotes pour le départ : les plus rapides sont les premiers. Les motos sont placées en épi devant les stands, les pilotes se tiennent de l'autre côté de la piste, à une quinzaine de mètres. Au signal du départ, les pilotes (55 environ) se précipitent vers leur moto. Les pilotes se relaient toutes les heures, quand les motos s'arrêtent pour le ravitaillement. En 1996, la moto gagnante a fait 768 fois le tour du circuit, long de 4 430 m.

Le comportement des motos en course

Les motos sont poussées à l'extrême : accélérations brusques, freinages violents, passage de deux à trois vitesses d'un coup. Dans les 24 Heures du Mans, les moteurs sont éprouvés par une courbe en montée, suivie d'un freinage puis de trois vitesses passées vivement, pour ensuite remettre les gaz à fond. Tous ces à-coups sont répétés des centaines de fois. Les pilotes s'inclinent tant dans les virages que leur genou frôle la piste. Ils doivent éviter d'être éjectés ou de sortir de piste dans un «travers».

Les principaux constructeurs participant aux grandes compétitions sont : Honda, Kawasaki, Suzuki, Yamaha et Ducati.

CROSS ET ENDURO

Le moto-cross est une course de vitesse en tout terrain, sur des circuits fermés jalonnés d'obstacles naturels, courue sur des motos spéciales. Pour ce sport rude, il faut être en grande forme physique et avoir une moto solide. Le cross, c'est de la vitesse pure sur circuit chaotique. En super-cross, couru souvent en salle (*indoor*), les obstacles sont artificiels et rapprochés, avec une multitude de sauts et de bonds exigeant une grande virtuosité des pilotes. L'enduro est une compétition d'endurance, souvent sous forme de rallye. Les motos d'enduro, roulant sur routes, doivent être homologuées, c'est-à-dire conformes au code de la route.

Le cross et le super-cross sont de grands spectacles. Les champions se surpassent en haute voltige sur les obstacles. Dans les concours de saut, les motos s'élèvent toujours plus haut, plus loin, plus longtemps en l'air.

Il faut aux pilotes beaucoup de technique et un moral d'acier.

La moto de cross

Elle doit être très fine et très légère (une 500 cm^3 ne dépasse pas 120 kg). Avec ses six vitesses, souple et puissante, elle permet au pilote de surmonter les pièges du circuit. Pour l'alléger, la carrosserie est en plastique et les accessoires en aluminium. La selle est haute et les pneus à gros crampons assurent une bonne adhérence au sol.

Les courses

Les grandes courses de cross sont le moto-cross des Nations, les Grands Prix, le championnat de France Élite et les championnats du monde. Sur des pistes défoncées, le pilote, haut perché sur sa selle, bondit par-dessus les obstacles naturels. En super-cross, il y a des courses en salle, comme celle de Bercy qui compte pour le championnat du monde. Il existe aussi un championnat aux États-Unis, qui se déroule sur des circuits comme Orlando. Les courses sont divisées en plusieurs catégories selon les cylindrées : 125, 250 et 500 cm^3.

Le rallye Dakar

Chaque année, ce rallye, qui dure quinze jours, met à rude épreuve pilotes et motos. En 1996, sur les 7 600 km de parcours, 6 280 km étaient des spéciales et 1 320 km des étapes de liaison. Le trajet passe sur des pistes étroites et caillouteuses, des déserts sans piste et des sentiers de brousse.

Le Dakar est un banc d'essai parfait pour tester résistance et qualités des motos.

Enduro et rallyes

De grandes courses d'enduro ont lieu en France, sur plages de sable, comme l'enduro du Touquet et celui des Baïnes. Il y a aussi de célèbres rallyes comme le Dakar (ex-Paris-Dakar) et les rallyes de Tunisie, de l'Atlas (au Maroc) et le Paris-Pékin.

LES MOTOS DE TRIAL

Le trial est un sport moto d'agilité et d'équilibre. Sur une machine légère et nerveuse, il faut franchir des obstacles naturels, des zones, sans mettre pied à terre ni tomber. En compétition, la vitesse est secondaire, mais les fautes sont pénalisées. Faisant corps avec sa machine, qu'il connaît parfaitement, le pilote se tient debout, en équilibre. Les motos de trial sont surtout de fabrication européenne. Le trial est une superbe école de pilotage.

Les qualités du trialiste

Avant la course, le pilote va reconnaître les obstacles à franchir. Sur les zones, il étudie chaque centimètre du terrain : les pentes, les sauts, si le sol est glissant, lisse ou rocailleux. Très exercé, il calcule qu'à tel endroit il devra embrayer à telle vitesse, prendre son élan ; il voit comment guider sa machine, la cabrer, assurer ses réceptions.

Concentré, vif et agile, le trialiste est prêt à réagir à la seconde quand il prend son départ.

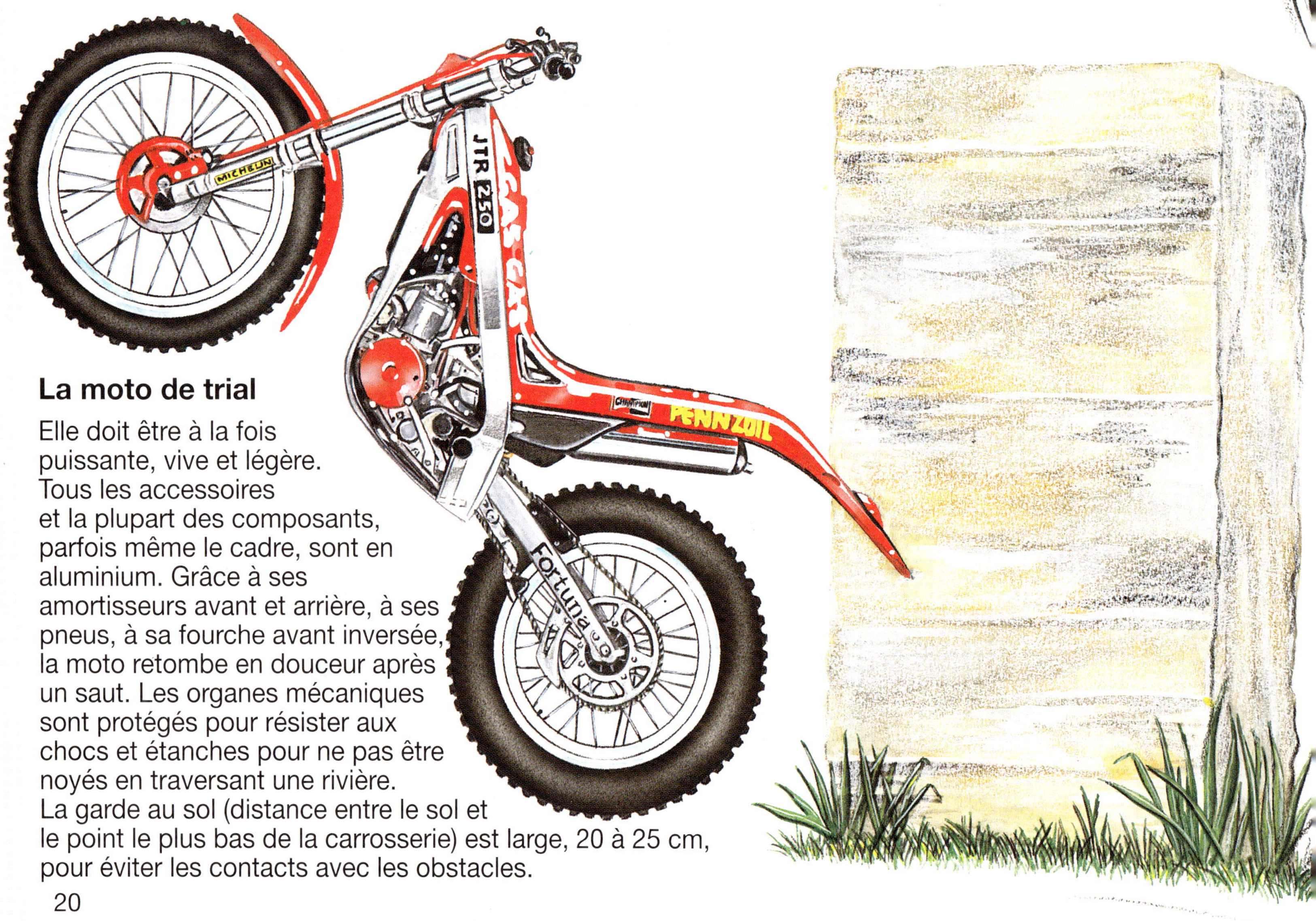

La moto de trial

Elle doit être à la fois puissante, vive et légère. Tous les accessoires et la plupart des composants, parfois même le cadre, sont en aluminium. Grâce à ses amortisseurs avant et arrière, à ses pneus, à sa fourche avant inversée, la moto retombe en douceur après un saut. Les organes mécaniques sont protégés pour résister aux chocs et étanches pour ne pas être noyés en traversant une rivière. La garde au sol (distance entre le sol et le point le plus bas de la carrosserie) est large, 20 à 25 cm, pour éviter les contacts avec les obstacles.

Les compétitions

Les grandes compétitions sont les championnats de France (6 ou 7 épreuves) et la Coupe du monde, qui se courent en terrain naturel. Il existe aussi des courses en salle (*indoor*), avec une Coupe du monde composée d'épreuves ayant lieu en France (le Trial Master de Bercy, et à Toulouse), en Espagne et en Italie. Les circuits de compétition, dans la nature, sont des boucles de 20 km. Chaque boucle comprend une quinzaine de zones, et chaque zone d'obstacles couvre environ 50 m. La boucle est à parcourir 2 ou 3 fois par les concurrents, qui sont jugés sur le nombre de fautes (pied posé au sol, chute, arrêt).

Bien que la vitesse ne soit pas ce qui compte le plus, une moyenne de 20 km/h est imposée en compétition.

Les zones

Ce sont les endroits du circuit où se trouvent des successions d'espaces naturels : amoncellements de rocs ou racines, marches, escarpements, arêtes de rochers, traversées ou même remontées de torrents, dalles plates en dévers.
Sur les circuits en salle, les zones sont faites d'obstacles artificiels : cascades, entassements de vieilles voitures, blocs de roches, traverses de chemin de fer. Leur franchissement exige un nouveau type de pilotage. Dans les zones sont postés les commissaires de la course.

LES SIDE-CARS

Le side-car est né en même temps que la motocyclette. Dans les années 20, on trouve, surtout en Angleterre, de nombreux fabricants de side-cars. La Première Guerre mondiale a aussi mis les side-cars au premier plan : maniables et rapides, ils furent utilisés comme moyens de transport ou encore transformés en ambulances, auto-mitrailleuses, véhicules de poste ou engins de livraison. Mais les side-cars déclinent avec le développement croissant des automobiles.
Les constructeurs, aujourd'hui, sont en France, en Angleterre, en Allemagne, en Suisse et même en Chine.

Le Mega Comète

Le constructeur français Side Bike lance en 1987 une nouvelle génération de side-cars : le Comète. Son châssis est conçu spécialement pour réduire la charge du side sur la moto. En 1990 sort une nouvelle version, le Mega Comète, qui combine deux

Le Cyno

En 1900, la firme anglaise Oakleigh Motor Company construisit un véhicule fait d'une simple caisse de bois ou d'osier avec siège en cuir (certains modèles en possédaient trois) attelée à une moto.

On voit ci-dessus un engin de 1900, le Cyno, dont le « panier » en osier, pour un passager, est fixé à une moto. Plus tard, les paniers seront faits en tôle, en polyester ou en plastique avec fibre de verre.

engins d'exception : un side Mega Comète, attelé à une Yamaha 1000 GTS. On y voyage comme en première classe, aussi à l'aise sur les autoroutes que sur les chemins.

Le RSC Scalène

Ce side-car, impressionnant par sa forme, a été présenté en 1995 comme un véhicule d'avenir. Avec sa géométrie inhabituelle, il est à mi-chemin entre l'auto et le side-car. Le pilote (qui doit être très expérimenté) peut, dans un virage, éviter d'un adroit coup de guidon une voiture surgissant brusquement, le RSC restant absolument à plat là où un side ordinaire se serait soulevé ou renversé.

Les courses de side-cars sont très spectaculaires. Il existe des courses de vitesse, de côte, de trial ou de cross.

Le Toro

Présenté en 1990 par le fabricant français Side Bike, le Toro est le premier side-car articulé de série : c'est-à-dire qu'on peut monter ou démonter le side de la moto en dix minutes grâce à un système d'articulation très ingénieux. Le propriétaire d'un Toro dispose à la fois d'une moto performante (une Yamaha) et d'un attelage confortable pour un passager.

LES RECORDS

Dès le début du siècle, les amateurs de motos, comme ceux d'automobiles, ont cherché à battre des records. En 1909, le record de vitesse était de 123 km/h. Parmi les grands pilotes, l'Allemand E. Henne établit en 1937 le record de 279 km/h, qu'il garda jusqu'en 1951. Le record actuel est détenu par l'Américain Don Vesco, avec une vitesse de 513 km/h, depuis 1978. Ces vitesses croissantes ont été rendues possibles par le perfectionnement des mécaniques et des formes aérodynamiques et grâce aux carénages (carrosseries enveloppant la moto). Au début, les records étaient établis sur des circuits fermés.

Un œuf aérodynamique : le Zündapp

Gustav A. Baumm, un ingénieur très inventif du constructeur allemand NSU, dessina des motos d'un type nouveau conçues pour des grandes vitesses. Ainsi, son Zündapp, une moto recouverte d'un carénage en forme d'œuf, très aérodynamique, marque le début d'une ère nouvelle.
En 1964, cette moto atteignit la vitesse de 162,6 km/h, qu'elle conserva pendant une heure.

De nos jours, les grands records sont tentés sur la vaste étendue bien plate d'un grand lac salé asséché, à Bonneville Salt Flats, dans l'Utah, aux États-Unis.

La Silver Bird

Cet engin de record qui ressemble à une fusée est classé dans la catégorie motos.
Sur ce véhicule, long de 6,32 m, équipé de deux moteurs Yamaha, l'américain Don Vesco établit en 1975 un 1er record à 487,5 km/h. À l'arrière se trouvent deux parachutes pour freiner la Silver Bird en fin de parcours et deux arceaux de sécurité enveloppent le *cockpit*.

Le Français Laurent Aubugeau détient les records en «roue avant» et en conduite à l'envers.

Un record en «roue avant»

Dans cette discipline, on mesure la vitesse alors que le pilote maintient sa moto uniquement sur la roue avant. Le 20 juillet 1993, le Français atteignit la vitesse de 220,54 km/h au guidon d'une Suzuki.

Conduite à l'envers

Le 27 avril 1991, L. Aubugeau atteignit la vitesse record de 238,16 km/h en conduisant à l'envers sa Yamaha.

Une moto-fusée

C'est l'Américain Correl qui court la première fois sur une moto à réaction, la Jet-Bike. Cet engin, d'une puissance de 400 ch a été construit en 1985. Des parachutes sont logés dans des tuyaux d'aluminium fixés à l'arrière. Pour freiner, le pilote libère ces parachutes qui, en s'ouvrant, ralentissent la moto-fusée. La Jet-Bike a atteint la vitesse de 350,67 km/h en 4 secondes.

La Silver Bird, équipée de deux moteurs Kawasaki de 1016 cm^3 et rebaptisée alors Lightning Bolt, va permettre à Don Vesco d'établir, le 28 août 1978, à Bonneville, le record de 513 km/h.

LES MOTOS DE RÊVE

Les constructeurs créent et inventent sans cesse de nouveaux types de motos, avec des perfectionnements techniques et des formes inédites. Pour les tester, ils construisent des modèles d'essai uniques, les prototypes, qu'ils présentent au Salon de Tokyo ou au Salon des deux-roues de Paris. Certains prototypes seront par la suite produits en série. Le leader de ces innovations est Honda. Dans son centre de recherches de Wako, 1 600 ingénieurs dessinent les motos du futur. De petits ateliers transforment aussi les motos de série en motos de rêve, comme la Roca.

La 900 CBR de Roca

Roca, mécanicien et pilote, construit et assemble des modèles uniques de motos. Il présente sa dernière folie : une 900 CBR (de Honda) plaquée or. La machine ayant été démontée, les pièces, d'abord soigneusement préparées, reçoivent un placage d'or de 2 à 3 microns d'épaisseur. Les pièces plaquées ont toutes la visserie apparente : les fourreaux de fourche, les leviers de frein et d'embrayage, les repose-pieds, le bras oscillant. Ce qui ne peut être plaqué est en carbone (comme les garde-boue et les côtés du cadre) ou revêtu d'une superbe peinture. Il a fallu 300 h de préparation pour créer cette moto de rêve, très remarquée au Salon des deux-roues de Paris en 1995.

900 CBR de Roca

Honda ES 21

La Honda ES 21

C'est au Salon de Tokyo de 1993 que Honda a présenté ce prototype de moto du futur, l'ES 21 (pour XXIe siècle), remarquable par l'élégance de ses formes élancées. À chaque Salon, Honda expose ainsi de nouveaux prototypes.

Ultimate

L'Ultimate

Un jeune *designer*, P. Perez, a laissé libre cours à son imagination en dessinant ce que pourrait être la moto du 3e millénaire. Dans cette approche toute nouvelle de la moto tout-terrain du futur, tout a été repensé. Elle est conviviale (facile à piloter), modulable (faite d'éléments qu'on peut remplacer ou combiner) et fonctionnelle : tout est prévu pour la randonnée.

TABLE DES MATIÈRES

ISBN : 2-215-031-96-4

Dépôt légal octobre 96
Imprimé en Italie